書名：章仲山宅案附無常派玄空秘要
系列：心一堂術數古籍珍本叢刊　堪輿類　無常派玄空珍秘
作者：心一堂
主編、責任編輯：陳劍聰
心一堂術數古籍珍本叢刊編校小組：陳劍聰　素聞　梁松盛　鄒偉才　虛白盧主

出版：心一堂有限公司
通訊地址：香港九龍旺角彌敦道六一〇號荷李活商業中心十八樓〇五－〇六室
深港讀者服務中心‧中國深圳市羅湖區立新路六號羅湖商業大廈負一層〇〇八室
電話號碼：(852)67150840
網址：publish.sunyata.cc
電郵：sunyatabook@gmail.com
網店：http://book.sunyata.cc
淘寶店地址：https://shop210782774.taobao.com
微店地址：https://weidian.com/s/1212826297
臉書：https://www.facebook.com/sunyatabook
讀者論壇：http://bbs.sunyata.cc/

版次：二零一四年七月初版
平裝

定價：港幣　二百六十八元正
人民幣　二百六十八元正
新台幣　九百八十元正

國際書號：ISBN 978-988-8266-89-0

香港發行：香港聯合書刊物流有限公司
地址：香港新界大埔汀麗路36號中華商務印刷大廈3樓
電話號碼：(852)2150-2100
傳真號碼：(852)2407-3062
電郵：info@suplogistics.com.hk

台灣發行：秀威資訊科技股份有限公司
地址：台灣台北市內湖區瑞光路七十六巷六十五號一樓
電話號碼：+886-2-2796-3638
傳真號碼：+886-2-2796-1377
網絡書店：www.bodbooks.com.tw
台灣國家書店讀者服務中心：
地址：台灣台北市中山區松江路二〇九號一樓
電話號碼：+886-2-2518-0207
傳真號碼：+886-2-2518-0778
網絡書店：http://www.govbooks.com.tw

中國大陸發行　零售：深圳心一堂文化傳播有限公司
深圳地址：深圳市羅湖區立新路六號羅湖商業大廈負一層〇〇八室
電話號碼：(86)0755-82224934

心一堂微店二維碼

心一堂淘寶店二維碼

心一堂術數古籍 珍本 整理 叢刊 總序

術數定義

術數，大概可謂以「推算（推演）、預測人（個人、群體、國家等）、事、物、自然現象、時間、空間方位等規律及氣數，並或通過種種『方術』，從而達致趨吉避凶或某種特定目的」之知識體系和方法。

術數類別

我國術數的內容類別，歷代不盡相同，例如《漢書・藝文志》中載，漢代術數有六類：天文、曆譜、五行、蓍龜、雜占、形法。至清代《四庫全書》，術數類則有：數學、占候、相宅相墓、占卜、命書、相書、陰陽五行、雜技術等，其他如《後漢書・方術部》、《藝文類聚・方術部》、《太平御覽・方術部》等，對於術數的分類，皆有差異。古代多把天文、曆譜、及部份數學均歸入術數類，而民間流行亦視傳統醫學作為術數的一環；此外，有些術數與宗教中的方術亦往往難以分開。現代學界則常將各種術數歸納為五大類別：命、卜、相、醫、山，通稱「五術」。

本叢刊在《四庫全書》的分類基礎上，將術數分為九大類別：占筮、星命、相術、堪輿、選擇、三式、讖諱、理數（陰陽五行）、雜術（其他）。而未收天文、曆譜、算術、宗教方術、醫學。

術數思想與發展——從術到學，乃至合道

我國術數是由上古的占星、卜筮、形法等術發展下來的。其中卜筮之術，是歷經夏商周三代而通過

「龜卜、蓍筮」得出卜（筮）辭的一種預測（吉凶成敗）術，之後歸納並結集成書，此即現傳之《易經》。經過春秋戰國至秦漢之際，受到當時諸子百家的影響、儒家的推崇，遂有《易傳》等的出現，原本是卜筮術書的《易經》，被提升及解讀成有包涵「天地之道（理）」之學。因此，《易・繫辭傳》曰：「易與天地準，故能彌綸天地之道。」

漢代以後，易學中的陰陽學說，與五行、九宮、干支、氣運、災變、律曆、卦氣、讖緯、天人感應說等相結合，形成易學中象數系統。而其他原與《易經》本來沒有關係的術數，如占星、形法、選擇，亦漸漸以易理（象數學說）為依歸。《四庫全書・易類小序》云：「術數之興，多在秦漢以後。要其旨，不出乎陰陽五行，生尅制化。實皆《易》之支派，傳以雜說耳。」至此，術數可謂已由「術」發展成「學」。

及至宋代，術數理論與理學中的河圖洛書、太極圖、邵雍先天之學及皇極經世等學說給合，通過術數以演繹理學中「天地中有一太極，萬物中各有一太極」（《朱子語類》）的思想。術數理論不單已發展至十分成熟，而且也從其學理中衍生一些新的方法或理論，如《梅花易數》、《河洛理數》等。

在傳統上，術數功能往往不止於僅僅作為趨吉避凶的方術，及「能彌綸天地之道」的學問，亦有其「修心養性」的功能，「與道合一」（修道）的內涵。《素問・上古天真論》：「上古之人，其知道者，法於陰陽，和於術數。」數之意義，不單是外在的算數、歷數、氣數，而是與理學中同等的「道」、「理」--心性的功能，北宋理氣家邵雍對此多有發揮：「聖人之心，是亦數也」、「萬化萬事生乎心」、「心為太極」。《觀物外篇》：「先天之學，心法也。……蓋天地萬物之理，盡在其中矣，心一而不分，則能應萬物。」反過來說，宋代的術數理論，受到當時理學、佛道及宋易影響，認為心性本質上是等同天地之太極。天地萬物氣數規律，能通過內觀自心而有所感知，即是內心也已具備有術數的推演及預測、感知能力；相傳是邵雍所創之《梅花易數》，便是在這樣的背景下誕生。

《易・文言傳》已有「積善之家，必有餘慶；積不善之家，必有餘殃」之說，至漢代流行的災變說及讖緯說，我國數千年來都認為天災，異常天象（自然現象），皆與一國或一地的施政者失德有關；下至家族、個人之盛衰，也都與一族一人之德行修養有關。因此，我國術數中除了吉凶盛衰理數之外，人心的德行修養，也是趨吉避凶的一個關鍵因素。

術數與宗教、修道

在這種思想之下，我國術數不單只是附屬於巫術或宗教行為的方術，又往往是一種宗教的修煉手段——通過術數，以知陰陽，乃至合陰陽（道）。「其知道者，法於陰陽，和於術數。」例如，「奇門遁甲」術中，即分為「術奇門」與「法奇門」兩大類。「法奇門」中有大量道教中符籙、手印、存想、內煉的內容，是道教內丹外法的一種重要外法修煉體系。甚至在雷法一系的修煉上，亦大量應用了術數內容。此外，相術、堪輿術中也有修煉望氣（氣的形狀、顏色）的方法；堪輿家除了選擇陰陽宅之吉凶外，也有道教中選擇適合修道環境（法、財、侶、地中的地）的方法，以至通過堪輿術觀察天地山川陰陽之氣，亦成為領悟陰陽金丹大道的一途。

易學體系以外的術數與的少數民族的術數

我國術數中，也有不用或不全用易理作為其理論依據的，如揚雄的《太玄》、司馬光的《潛虛》。也有一些占卜法、雜術不屬於《易經》系統，不過對後世影響較少而已。

外來宗教及少數民族中也有不少雖受漢文化影響（如陰陽、五行、二十八宿等學說）但仍自成系統的術數，如古代的西夏、突厥、吐魯番等占卜及星占術，藏族中有多種藏傳佛教占卜術、苯教占卜術、擇吉術、推命術、相術等；北方少數民族有薩滿教占卜術；不少少數民族如水族、白族、布朗族、佤族、彝族、苗族等，皆有占雞（卦）草卜、雞蛋卜等術，納西族的占星術、占卜術，彝族畢摩的推命術、占卜術……等等，都是屬於《易經》體系以外的術數。相對上，外國傳入的術數以及其理論，對我國術數影響更大。

曆法、推步術與外來術數的影響

我國的術數與曆法的關係非常緊密。早期的術數中，很多是利用星宿或星宿組合的位置（如某星在某州或某宮某度）付予某種吉凶意義，并據之以推演，例如歲星（木星）、月將（某月太陽所躔之宮次）等。不過，由於不同的古代曆法推步的誤差及歲差的問題，若干年後，其術數所用之星辰的位置，已與真實星辰的位置不一樣了；此如歲星（木星），早期的曆法及術數以十二年為一周期（以應地支），與木星真實周期十一點八六年，每幾十年便錯一宮。後來術家又設一「太歲」的假想星體來解決，是歲星運行的相反，週期亦剛好是十二年。而術數中的神煞，很多即是根據太歲的位置而定。又如六壬術中的「月將」，原是立春節氣後太陽躔娵訾之次而稱作「登明亥將」，至宋代，因歲差的關係，要到雨水節氣後太陽才躔娵訾之次，當時沈括提出了修正，但明清時六壬術中「月將」仍然沿用宋代沈括修正的起法沒有再修正。

由於以真實星象周期的推步術是非常繁複，而且古代星象推步術本身亦有不少誤差，大多數術數除依曆書保留了太陽（節氣）、太陰（月相）的簡單宮次計算外，漸漸形成根據干支、日月等的各自起例，以起出其他具有不同含義的眾多假想星象及神煞系統。唐宋以後，我國絕大部份術數都主要沿用這一系統，也出現了不少完全脫離真實星象的術數，如《子平術》、《紫微斗數》、《鐵版神數》等。後來就連一些利用真實星辰位置的術數，如《七政四餘術》及選擇法中的《天星選擇》，也已與假想星象及神煞混合而使用了。

隨着古代外國曆（推步）、術數的傳入，如唐代傳入的印度曆法及術數，元代傳入的回回曆等，其中我國占星術便吸收了印度占星術中羅睺星、計都星等而形成四餘星，又通過阿拉伯占星術而吸收了其中來自希臘、巴比倫占星術的黃道十二宮、四元素學說（地、水、火、風），並與我國傳統的二十八宿、五行說、神煞系統並存而形成《七政四餘術》。此外，一些術數中的北斗星名，不用我國傳統的星名：天樞、天璇、天璣、天權、玉衡、開陽、搖光，而是使用來自印度梵文所譯的：貪狼、巨門、祿存、文曲，廉貞、武曲、破軍等，此明顯是受到唐代從印度傳入的曆法及占星術所影響。如星命術的《紫微斗數》及堪輿術的《撼龍經》等文獻中，其星皆用印度譯名。及至清初《時憲曆》，置閏之法則改用西法「定氣」。清代以後的術數，又作過不少的調整。

陰陽學——術數在古代、官方管理及外國的影響

術數在古代社會中一直扮演着一個非常重要的角色，影響層面不單只是某一階層、某一職業、某一年齡的人，而是上自帝王，下至普通百姓，從出生到死亡，不論是生活上的小事如洗髮、出行等，大事如建房、入伙、出兵等，從個人、家族以至國家，從天文、氣象、地理到人事、軍事，從民俗、學術到宗教，都離不開術數的應用。我國最晚在唐代開始，已把以上術數之學，稱作陰陽（學），行術數者稱陰陽人。（敦煌文書、斯四三二七唐《師師漫語話》：「以下說陰陽人謾語話」，此說法後來傳入日本，今日本人稱行術數者為「陰陽師」）。一直到了清末，欽天監中負責陰陽術數的官員中，以及民間術數之士，仍名陰陽生。

古代政府的中欽天監（司天監），除了負責天文、曆法、輿地之外，亦精通其他如星占、選擇、堪輿等術數，除在皇室人員及朝庭中應用外，也定期頒行日書、修定術數，使民間對於天文、日曆用事吉

凶及使用其他術數時，有所依從。

中國古代政府對官方及民間陰陽學及陰陽官員，從其內容、人員的選拔、培訓、認證、考核、律法監管等，都有制度。至明清兩代，其制度更為完善、嚴格。

宋代官學之中，課程中已有陰陽學及其考試的內容。（宋徽宗崇寧三年〔一一零四年〕崇寧算學令：「諸學生習……並曆算、三式、天文書。」，「諸試……三式即射覆及預占三日陰陽風雨。天文即預定一月或一季分野災祥，並以依經備草合問為通。」

金代司天臺，從民間「草澤人」（即民間習術數之士）考試選拔：「其試之制，以《宣明曆》試推步，及《婚書》、《地理新書》試合婚、安葬，並《易》筮法，六壬課、三命、五星之術。」（《金史》卷五十一・志第三十二・選舉一）

元代為進一步加強官方陰陽學對民間的影響、管理、控制及培育，除沿襲宋代、金代在司天監掌管陰陽學及中央的官學陰陽學課程之外，更在地方上增設陰陽學之課程（《元史・選舉志一》：「世祖至元二十八年夏六月始置諸路陰陽學。」）地方上也設陰陽學教授員，培育及管轄地方陰陽人。（《元史・選舉志一》：「（元仁宗）延祐初，令陰陽人依儒醫例，於路、府、州設教授員，凡陰陽人皆管轄之，而上屬於太史焉。」）自此，民間的陰陽術士（陰陽人），被納入官方的管轄之下。

至明清兩代，陰陽學制度更為完善。中央欽天監掌管陰陽學，明代地方縣設陰陽學正術，各州設陰陽學典術，各縣設陰陽學訓術。陰陽人從地方陰陽學肄業或被選拔出來後，再送到欽天監考試。（《大明會典》卷二二三：「凡天下府州縣舉到陰陽人堪任正術等官者，俱從吏部送（欽天監），考中，送回選用；不中者發回原籍為民，原保官吏治罪。」）清代大致沿用明制，凡陰陽術數之流，悉歸中央欽天監及地方陰陽官員管理、培訓、認證。至今尚有「紹興府陰陽印」、「東光縣陰陽學記」等明代銅印，及某某縣某某之清代陰陽執照等傳世。

清代欽天監漏刻科對官員要求甚為嚴格。《大清會典》「國子監」規定：「凡算學之教，設肄業生。滿洲十有二人，蒙古、漢軍各六人，於各旗官學內考取。漢十有二人，於舉人、貢監生童內考取。附學生二十四人，由欽天監選送。教以天文演算法諸書，五年學業有成，舉人引見以欽天監博士用，貢監生童以天文生補用。」學生在官學肄業、貢監生肄業或考得舉人後，經過了五年對天文、算法、陰陽學的學習，其中精通陰陽術數者，會送往漏刻科。而在欽天監供職的官員，《大清會典則例》「欽天監」規定：「本監官生三年考核一次，術業精通者，保題升用。不及者，停其升轉，再加學習。如能黽勉供職，即予開複。仍不及者，降職一等，再令學習三年，能習熟者，准予開複，仍不能者，黜退。」除定期考核以定其升用降職外，《大清律例》中對陰陽術士不準確的推斷（妄言禍福）是要治罪的。《大清律例．一七八．術七．妄言禍福》：「凡陰陽術士不許於大小文武官員之家妄言禍福，違者杖一百。其依經推算星命卜課，不在禁限。」大小文武官員延請的陰陽術士，自然是以欽天監漏刻科官員或地方陰陽官員為主。

官方陰陽學制度也影響鄰國如朝鮮、日本、越南等地，一直到了民國時期，鄰國仍然沿用着我國的多種術數。而我國的漢族術數，在古代甚至影響遍及西夏、突厥、吐蕃、阿拉伯、印度、東南亞諸國。

術數研究

術數在我國古代社會雖然影響深遠，「是傳統中國理念中的一門科學，從傳統的陰陽、五行、九宮、八卦、河圖、洛書等觀念作大自然的研究。……傳統中國的天文學、數學、煉丹術等，要到上世紀中葉始受世界學者肯定。可是，術數還未受到應得的注意。術數在傳統中國科技史、思想史，文化史、社會史，甚至軍事史都有一定的影響。……更進一步了解術數，我們將更能了解中國歷史的全貌。」（何丙郁《術數、天文與醫學中國科技史的新視野》，香港城市大學中國文化中心。）

可是術數至今一直不受正統學界所重視，加上術家藏秘自珍，又揚言天機不可洩漏，「（術數）乃吾國科學與哲學融貫而成一種學說，數千年來傳衍嬗變，或隱或現，全賴一二有心人為之繼續維繫，賴以不絕，其中確有學術上研究之價值，非徒癡人說夢，荒誕不經之謂也。其所以至今不能在科學中成立一種地位者，實有數困。蓋古代士大夫階級目醫卜星相為九流之學，多恥道之；而發明諸大師又故為惝恍迷離之辭，以待後人探索；間有一二賢者有所發明，亦秘莫如深，既恐洩天地之秘，復恐譏為旁門左道，始終不肯公開研究，成立一有系統說明之書籍，貽之後世。故居今日而欲研究此種學術，實一極困難之事。」（民國徐樂吾《子平真詮評註》，方重審序）

現存的術數古籍，除極少數是唐、宋、元的版本外，絕大多數是明、清兩代的版本。其內容也主要是明、清兩代流行的術數，唐宋以前的術數及其書籍，大部份均已失傳，只能從史料記載、出土文獻、敦煌遺書中稍窺一鱗半爪。

術數版本

坊間術數古籍版本，大多是晚清書坊之翻刻本及民國書賈之重排本，其中豕亥魚魯，或而任意增刪，往往文意全非，以至不能卒讀。現今不論是術數愛好者，還是民俗、史學、社會、文化、版本等學術研究者，要想得一常見術數書籍的善本、原版，已經非常困難，更遑論稿本、鈔本、孤本。在文獻不足及缺乏善本的情況下，要想對術數的源流、理法、及其影響，作全面深入的研究，幾不可能。

有見及此，本叢刊編校小組經多年努力及多方協助，在中國、韓國、日本等地區搜羅了一九四九年以前漢文為主的術數類善本、珍本、鈔本、孤本、稿本、批校本等數百種，精選出其中最佳版本，分別輯入兩個系列：

一、心一堂術數古籍珍本叢刊

二、心一堂術數古籍整理叢刊

前者以最新數碼技術清理、修復珍本原本的版面，更正明顯的錯訛，部份善本更以原色精印，務求更勝原本，以饗讀者。後者延請、稿約有關專家、學者，以善本、珍本等作底本，參以其他版本，進行審定、校勘、注釋，務求打造一最善版本，供現代人閱讀、理解、研究等之用。不過，限於編校小組的水平，版本選擇及考證、文字修正、提要內容等方面，恐有疏漏及舛誤之處，懇請方家不吝指正。

心一堂術數古籍 珍本 整理 叢刊編校小組

二零一三年九月修訂

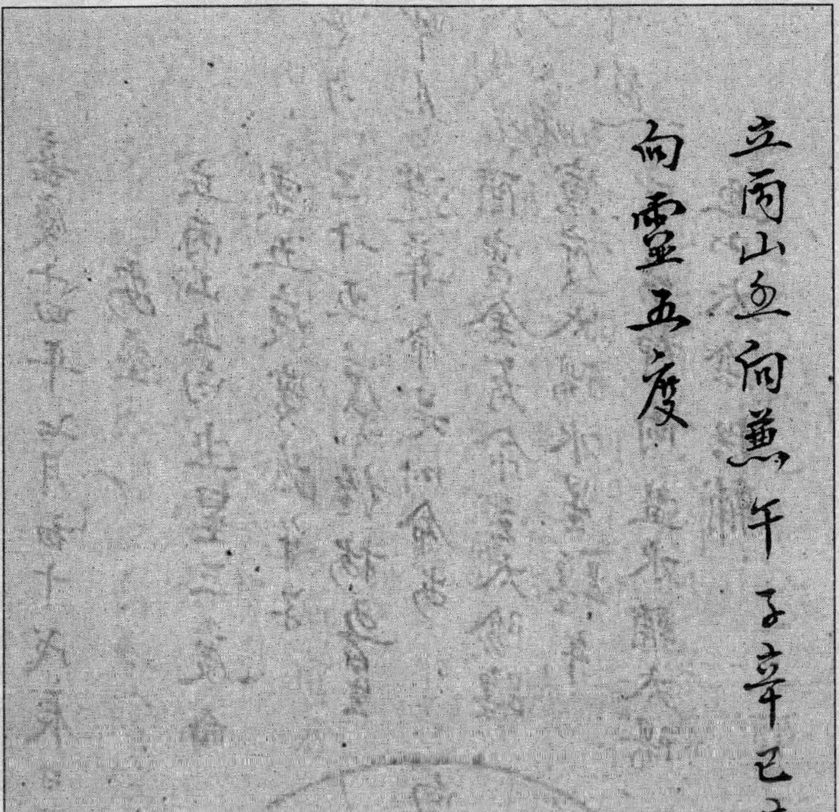
立丙山壬向兼午子辛巳辛亥分金坐三度
向靈五度

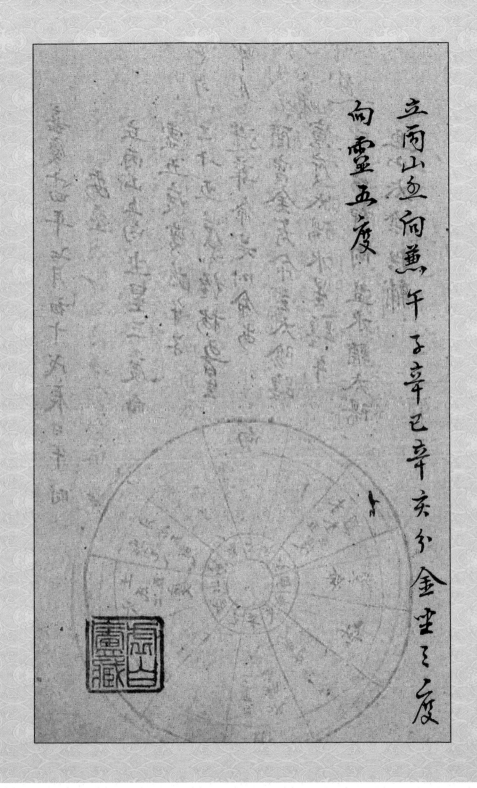

嘉慶十四年七月初十戊辰日午时
安葬
立丙山壬向坐星三度向
靈五度宮為年子
二十五度分極楼五星
造葬命是时命安
酉宮金為命主太陰躔
寅度太陽水星躔年
宮為靜兩盤水輔太陽
無山太陰拱輔

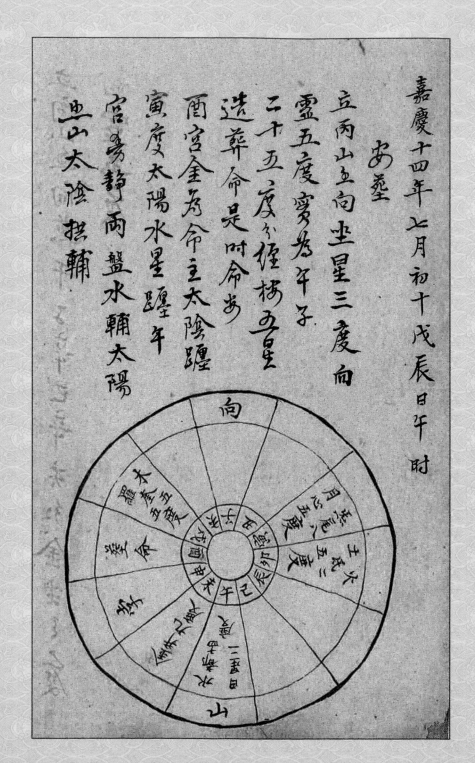

嘉慶十四年九月念二己卯日
宜用卯正二刻發容葬大吉
立辛山乙向兼酉卯三計丁酉丁
卯分金欽定量天尺坐安四度
向亢三度蒙為酉卯安
四度亢三度則兼三分矣
二十五度分經按五星
造葬命是时命安酉宮金
為命主太陰躔未宮井
度太陽躔卯宮亢三度
動靜兩盤太陽四向太陰横面

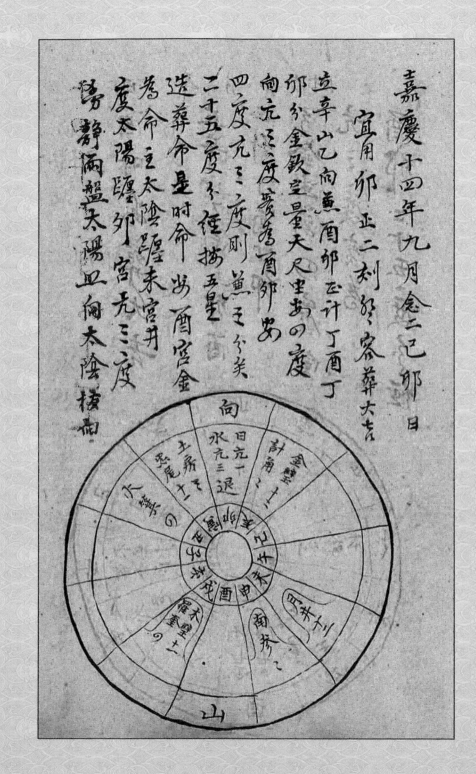

十四年十二月初十乙未
日酉时安葬大吉
立辛山乙向兼卯酉
正針丁酉丁卯
分金坐婁四度向
亢三度實為
酉卯二十五度分經

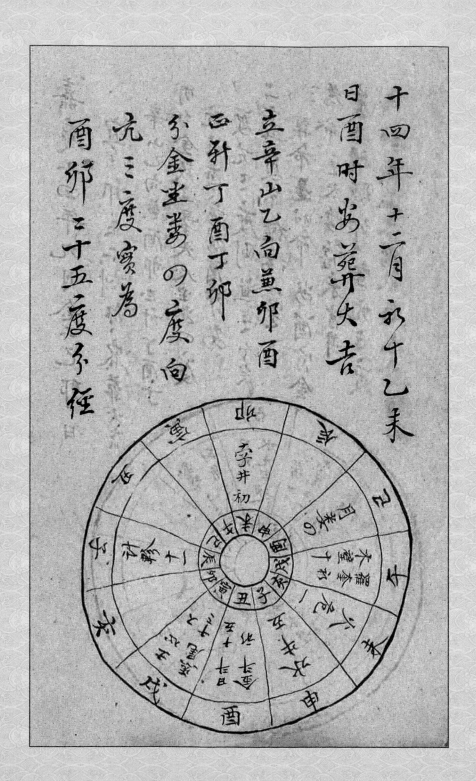

瀆鎮本宅於嘉慶十六年六月初六日未時改暨
子午兼壬丙　常洲章仲山先生定
门路宜離巽坤坎　灶门宜向坤巽
又瀆鎮任宅癸丁兼丑未
宅内宜坤坎離兑四方内户忌艮乾巽撲梯
宜坎灶位須在甲　灶门宜向丙方
又葛上士宗聽彝重任宅　癸丁兼子午
向對乾金内户宜承坎水艮土雖為盡善

灶门躲西　催文昌　灯盞正廳東南方炉架高

三丈三尺

又申湘梧桐街老屋　亥巳兼乾巽

是宅向首得乙木衖內走寅木內宅门得癸水水

木生〻宅法最合中元甲辰後子丑合於丙丁水

木生於坤申正當極旺之秋交下元甲子乙木

精造內户门路宜壯水為要法虛則補母即

同此意即楼八宅坤兑亦属生延之位納甲坤

与乙木為相合細揣諸法惟申庚坤為畫

善 宅外宜離坤兌艮四方見水

各方门路忌巽震二方

後棟正樓 上房東邊在坤離房门最順遂

甲午 一宮 住房 兑门兑路由午丁朝庚辛更妙忌甲乙壬

己酉 二宮 癸门路

辛丑 三宮 住房 申门坤路最利忌坎艮震三方门路

丙午 四宮

癸卯 五宮 住房 辛门

丁未 六宮 丁门

庫房门 宜坤申 外來路 宜兑与離

學堂宜在正屋坤兑方门路艮坎 第一坤申

喃易物宜安在正屋未坤方其次丁未方

立秋
丙
立春
壬

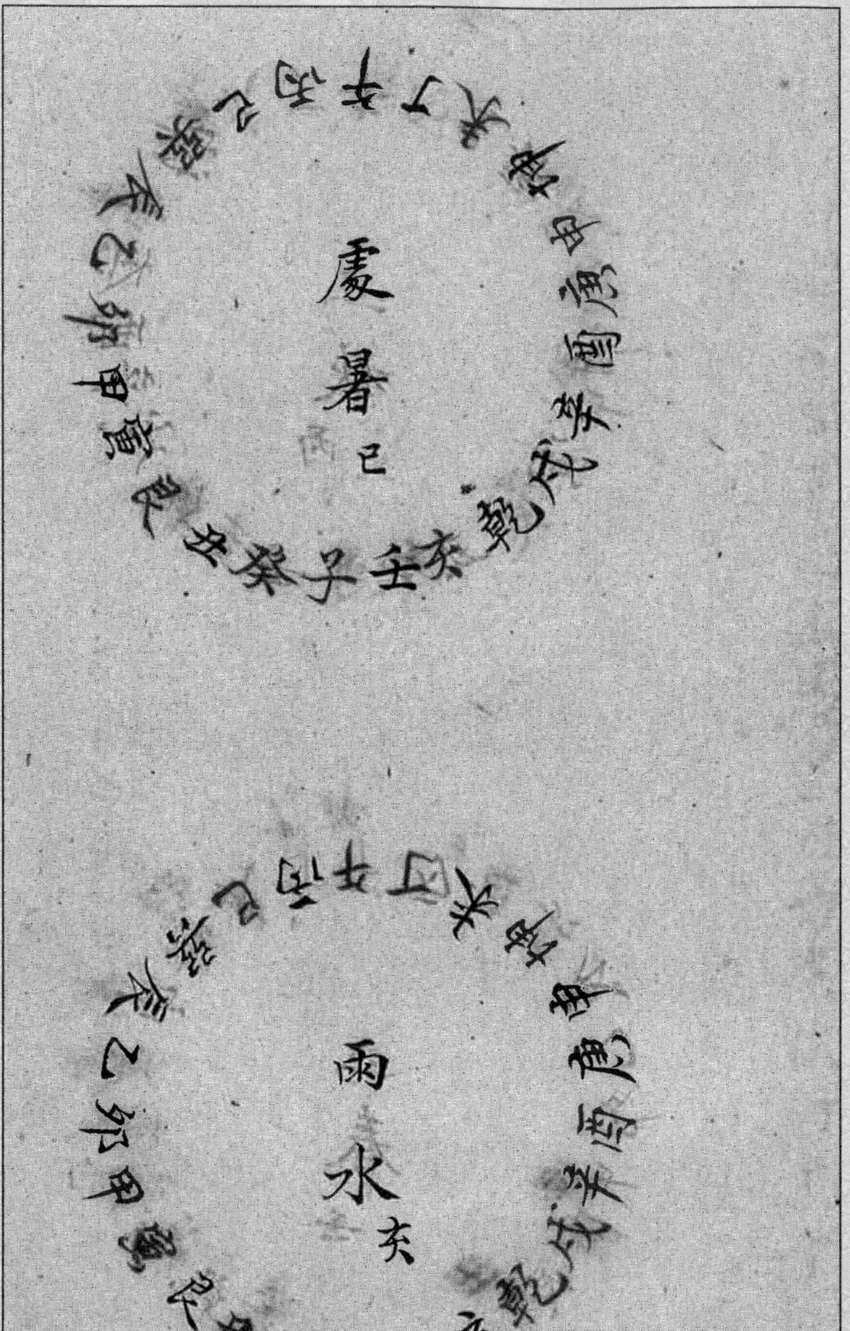
處暑
巳
雨水
亥

白露
巽
驚蟄
乾

秋分
艮

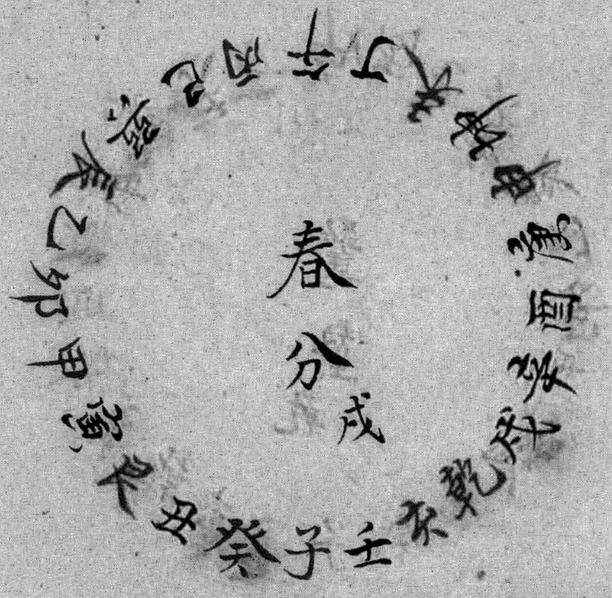
春分
戌

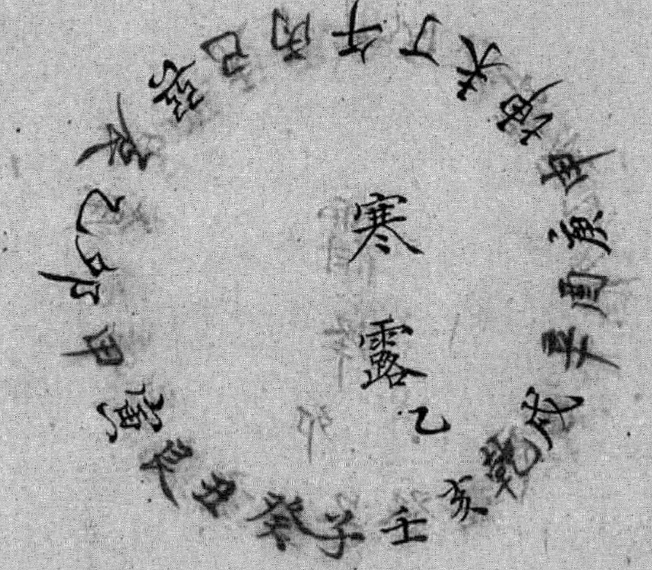
寒露
乙

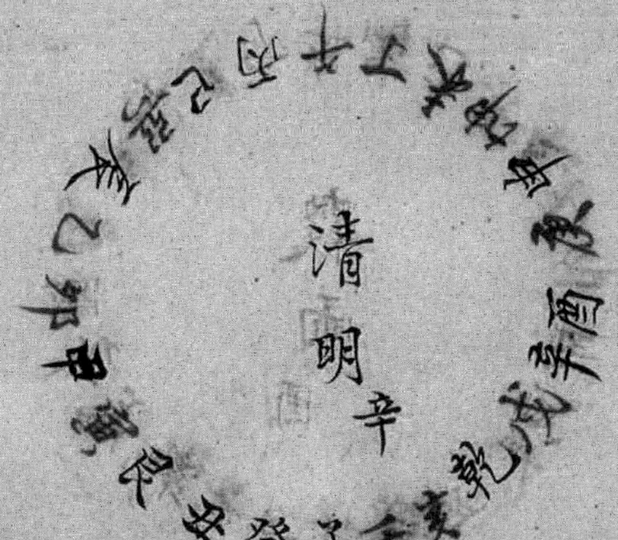
清明
辛

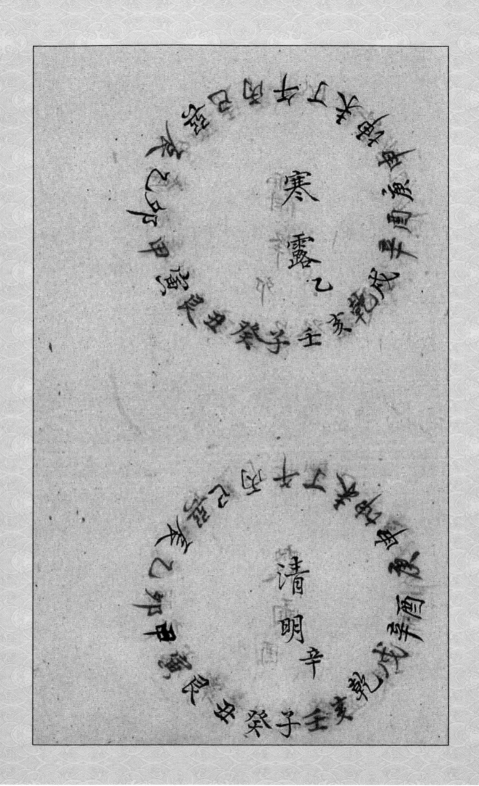

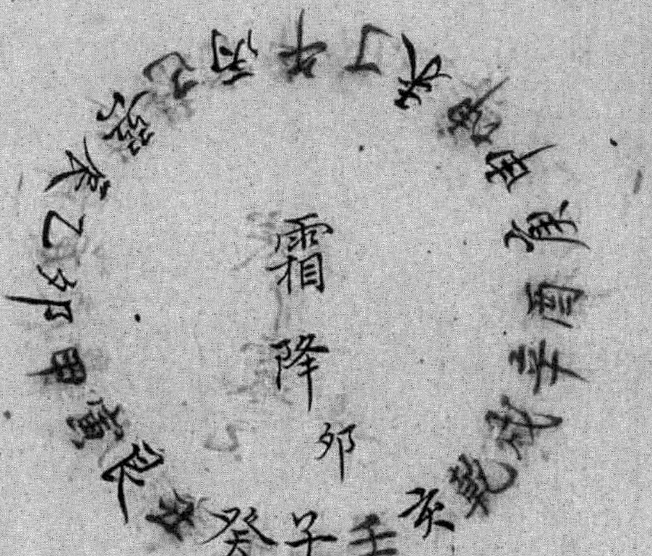
霜降
夘

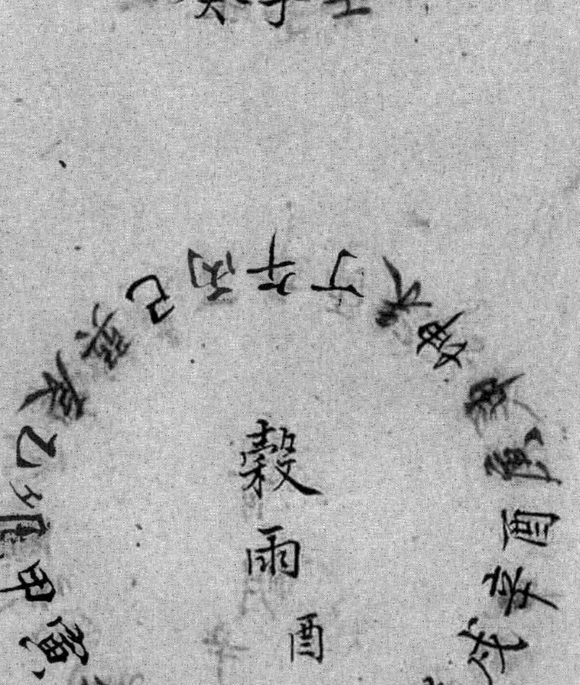
穀雨
酉

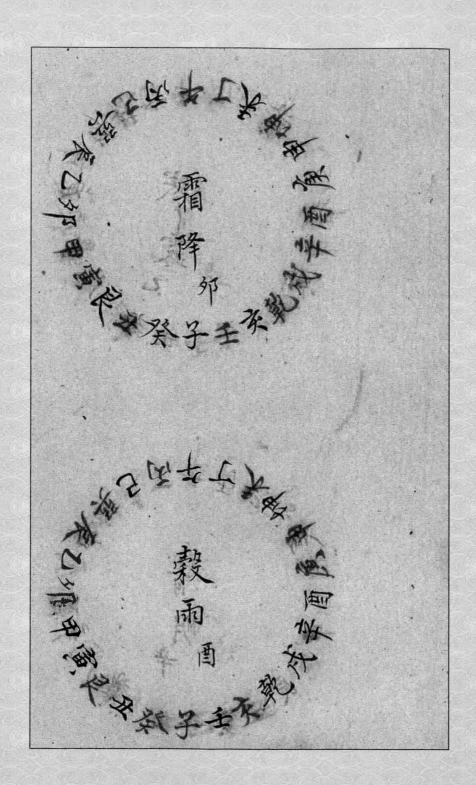

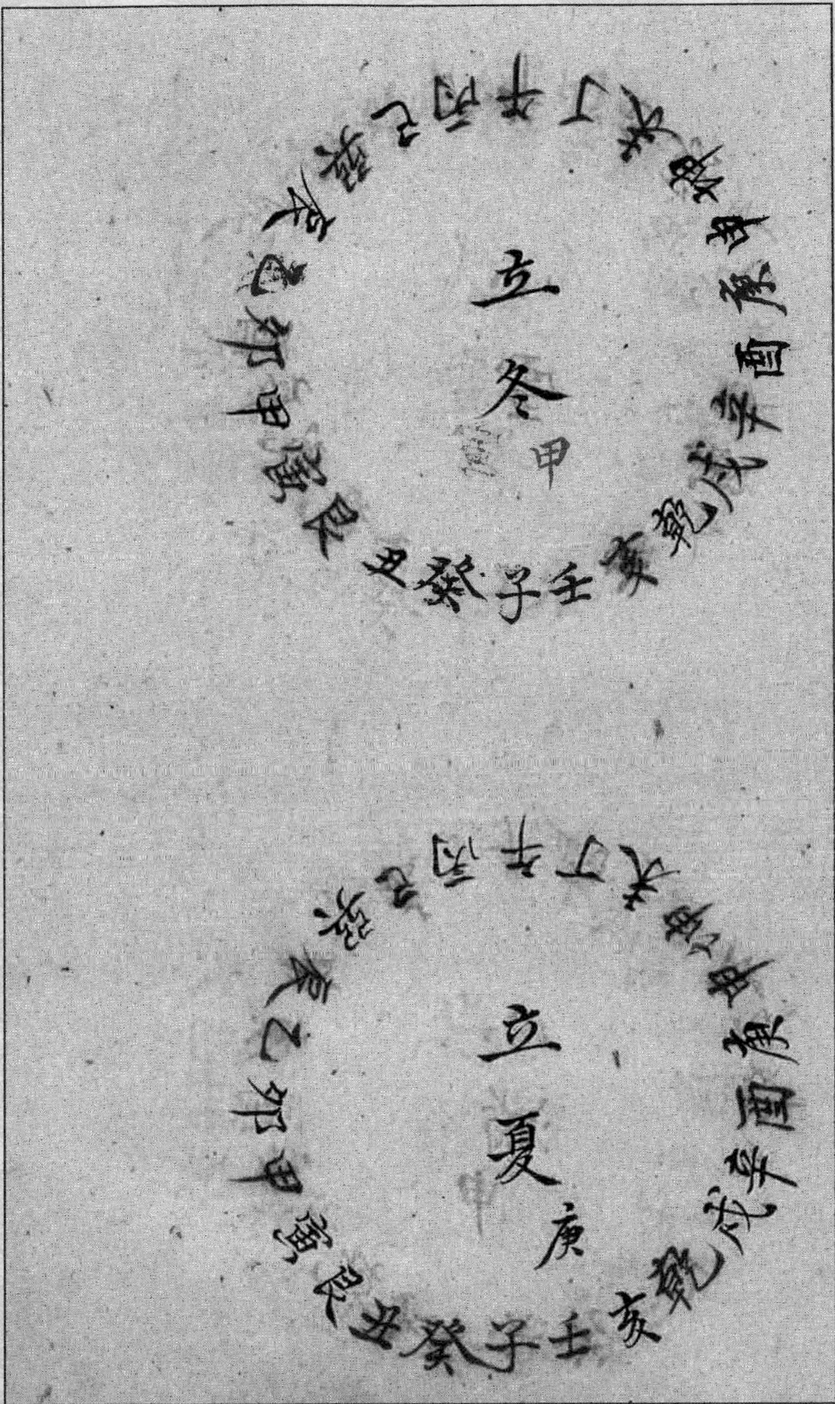
立冬
甲
立夏
庚

小雪
寅

小滿
申

大雪
艮
壬子癸丑艮寅甲卯乙辰巽巳丙午丁未坤申庚酉辛戌乾亥
芒種
坤
壬子癸丑艮寅甲卯乙辰巽巳丙午丁未坤申庚酉辛戌乾亥

冬至
丑

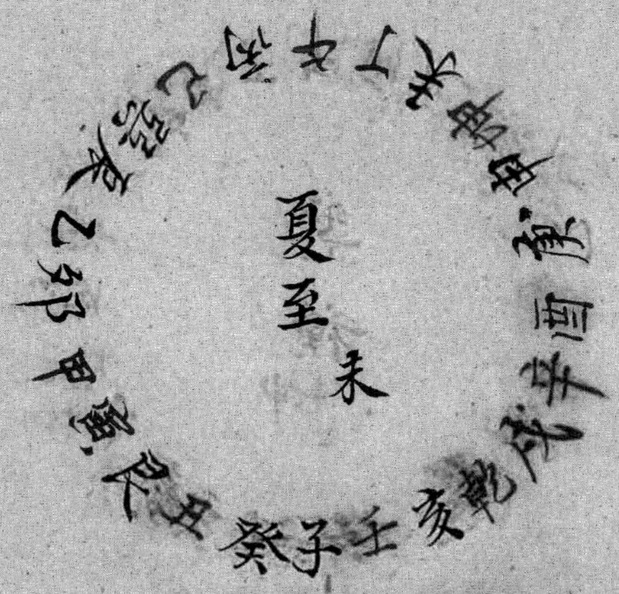
夏至
未

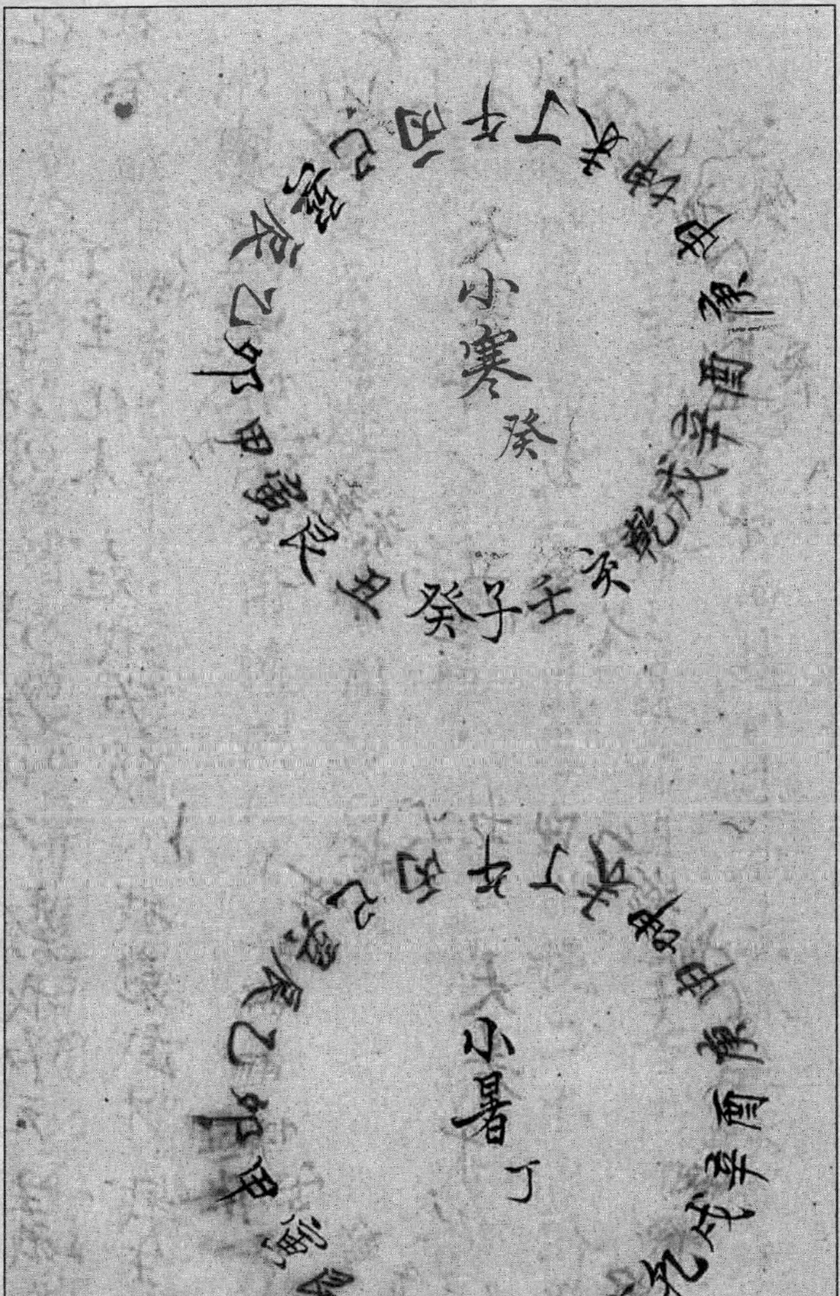
小寒
癸
小暑
丁

甲己化土
乙庚化金
丙辛化水
丁壬化木
戊癸化火

剋我為破
數我為元　生我為貪
我剋武才　我生廉子

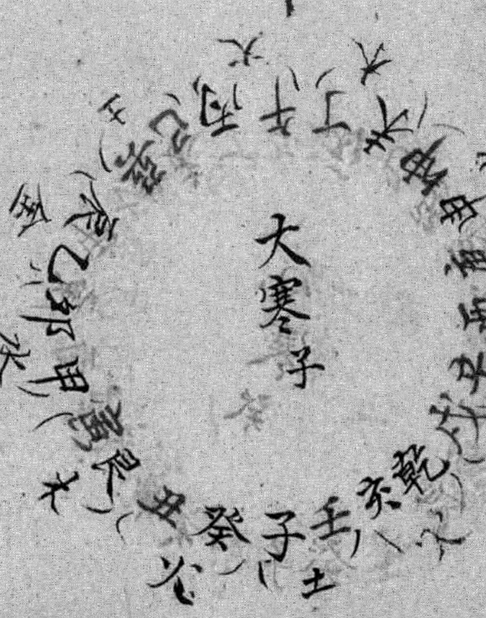

七政造命選日法西法以十二地支派立天盤十二宮每宮以三十度計之是計周天三百六十度之數以便推算七政躔度之分杪按二十四氣之節合四時八節天之所司地之所受各省節令以及日之出沒各省遲早之不同須欽遵

御製儀象考成所用撱圓法各省北極出地之度推算依黃道一平分之度于地平儀各省北極出之度推算方合各省各方造葬選日用七政之相符

青囊經云天光下臨地德上載欲推算七政于某

者用事到某方某山某向也至于選日之格局另有

選法容後

今日時八節天之氣同旁之辰與生年今之安坐日之

歲之成為無處文早顯微之亦坐二十日淵之經

極之之十微坐之淵

暇時另繪今推算江蘇安徽江西湖南湖北五省攏圓
俟異誌之

黄道攏圓說

天體渾圓如球循環並無端倪西法一平分三百六十
度其分度之象譬如橘之分囊于大腰橫截之其一平面
之度至大于諸距等圈橫截之其平面之度漸小而及
于至小若南北斜置其橘于斜腰橫截之其一平面
過腰度斜而更大近蒂度尖而縮小從其正倖視之

一度仍為一度從其斜面視之一度而無歲度不及一度者在所必然也天體大綱不外經緯縱橫交錯無不皆然其至大勝圜算數要莫甚乎極至經圜赤黃二道地平緯圜極至經圜者南北子午之正絲天之經也赤道者子午卯酉之橫絲天之正緯也黃道者子在赤道南午在赤道北卯酉斜交于赤道天之斜緯也地平者各家地輿南北不同以北極出地為準亦天之斜緯也考江蘇地平北極出地三十一度二十分南極

入地亦如之赤道居南北兩平分之處距極各九十度
故其正午距地平五十八度四十分黄道距赤道二十三
度半其正午距地平八十二度十分三緯圈各見大圈
分度其相當一之處彼之大度當彼之小度斜平
濶窄各有不同若以黄道太陽一歩一週天平分二十
四氣與地平二十四山兩平分相配有毫釐千里之
謬焉今欽遵
御製儀象考成用攝圈法稱黄道一平分之度平地

庶得其準時

庶准其時也

嘉慶甲子年長至日記

江蘇青樵園形

原始

原始

嘉慶甲子九年長至日記

江蘇樵園太陽到方

原

原始

嘉慶甲子九年長至日記

江蘇攔圖太陽劉方

子 立冬 二日　午 立夏 二日

壬 大寒 十八日　丙 大暑 十八日

亥 雨水 十三日　巳 處暑 十三日

乾 京直 六日　巽 白露 六日

戌 春分 十日　辰 秋分 十日

辛 清明 十二日　乙 寒露 十三日

酉谷雨　十二日　卯霜降　十二日
庚春分　二日　甲秋分　二日
申　四日　寅　四日
坤　七日　艮　七日
未　十二日　丑　十二日
丁清明　四日　癸寒露　四日
攛圓法推準七政四餘到江蘇二十四方挨二十
八宿纏度到方

子方自　氐三度三十六分起歷房心尾箕斗牛至女四度五十九分正

壬方自　女五度起歷虛至危十一度八分正

亥方自　危宿十二度九分起至十九度十六分正

乾方自　危宿十九度十七分起至室二度十六分正

戌方自　室三度十七分起至六度正

辛方自　室宿六度一分起八度十五分正

酉方自　室宿八度十三分起十一度十六分正

庚方自　室宿十一度十七分起至十二度二十九分正

申方自　室宿十二度二十九分起至十五度十二分正

坤方自　室宿十五度十三分起歷至壁宿三度三十八分正

未方自　壁宿三度三十九分起至十一度四十六分正

丁方自　壁宿十一度四十七分起歷奎婁至胃一度四十六分正

午方自　胃宿一度四十七分起歷昴畢觜參井鬼至柳宿六度二十四分正

丙方自　柳宿六度二十五分起歷星至張宿八度四十六分正

巳方自　張宿八度四十七分起至十六度五十四分正

巽方自　張宿十六度五十五分起至翼宿二度五十八分正

辰方自　翼宿二度五十九分起至五度四十二分正

乙方自　翼宿五度四十三分起至七度五十四分正

卯方自　翼宿七度五十五分起至九度五十八分正

甲方自　翼宿九度五十九分起至十二度十分正

寅方自　翼宿十弍度十一分起至十四度五十六分正

艮方自　翼宿十四度五十七分起軫二度二分正

丑方自　軫宿二度三分起至十度十分正

癸方自　軫宿十度十一分起歷角亢至（至氐三度三十五分正）

以上以下元甲子巽一度二十七分冬至為
則如庚午年冬至限係巽一度二十三
分當以氐三度三十二分到子方為法若
方須依此遞減如後冬至限漸減亦當依
法漸減此即謂之步差是也

九宮九極圖余參攷之圖說歐陽玉輝氏

九宮九極圖

九井九州九星順則五黃歸向中央猶井田之法九取其一諸侯之朝于天子八荒聽命于中央流合之象也逆則五黃各顯其位各向其地似藩之各守其方分別之象会而為散而為九顛之倒之縱之橫之極無常休隨时而在者也

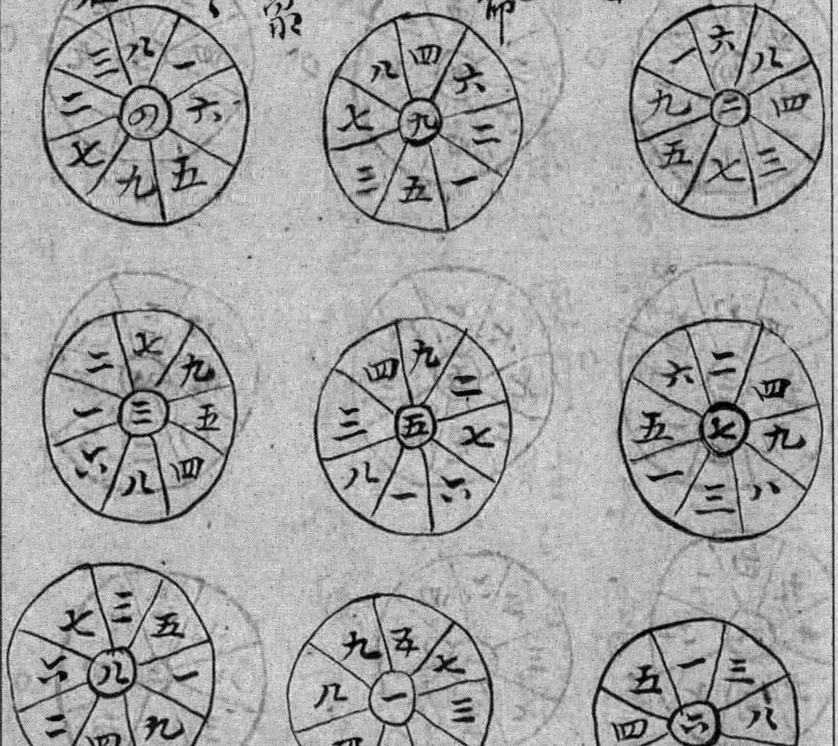

順逆九極各計
四伯〇五數陳
八方立極之數共
計三伯六十五數
占天象三伯六十五度
之數符合交變諸
推順逆顛倒
六十四卦之象出焉大
易所天逆義即法之
謂與

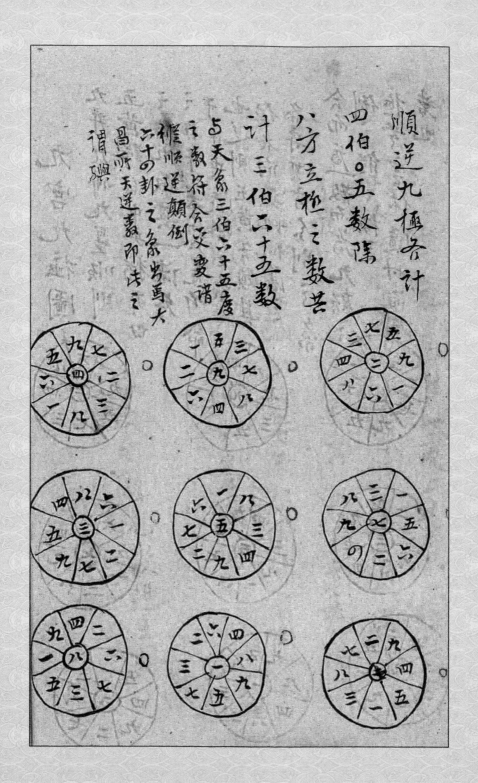

三元來往圖

來與往雖有陰陽之分左右之別然有來自有往有往自有來有來之極則往之極則來來即往之始往即來之源始而終之而始一二三四五六七八九隨氣推移循環無端週而復始者也

始如一終于九

位無定位
隨時而立

巽四	離九	坤二
震三	中五	兌七
艮八	坎一	乾六

紫在坎工從坤起
紫生第一位
逆時而推

黃重棠

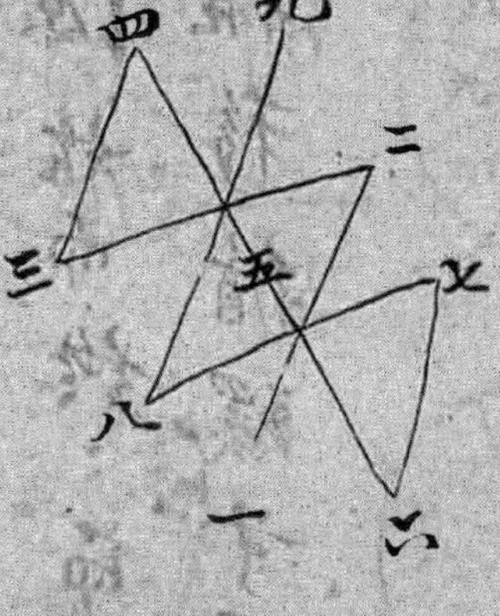

始知一終於九

位无定位
隨時而立

無时借行

与时借極

陽奇

壹三五七九為
天數

陰偶

二四六八十為
地數

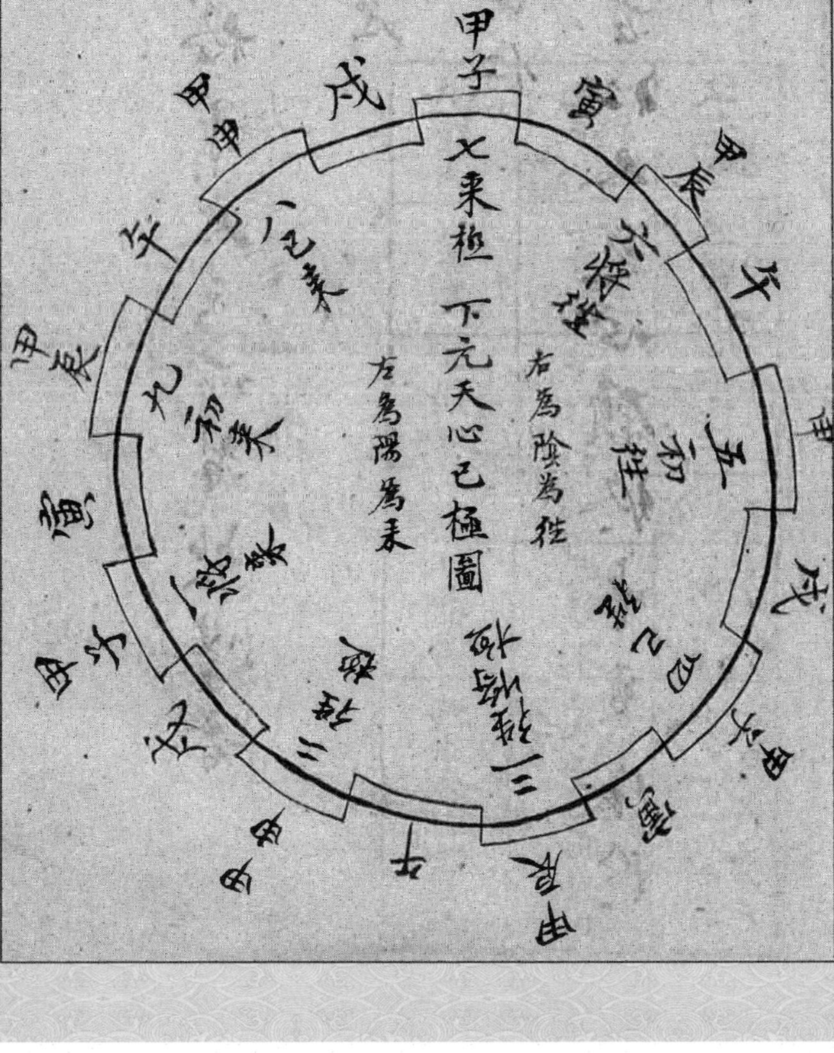

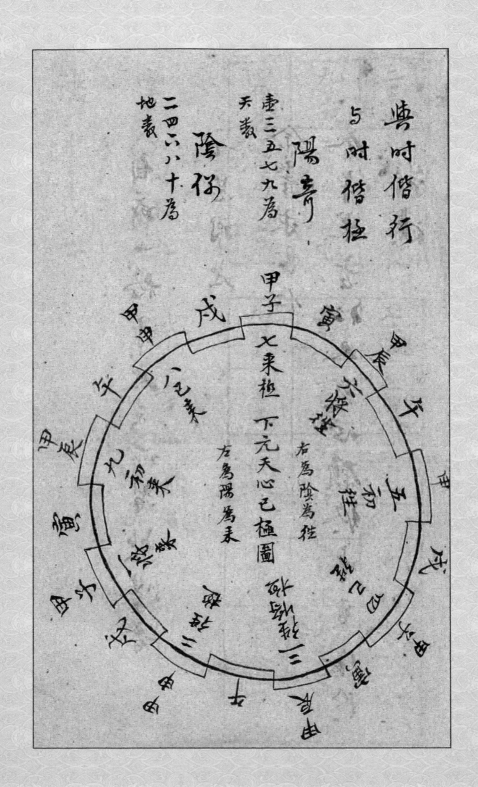

四綠木	九紫火	二黑土
三碧木	男寄坤二 女寄艮八 五黃土	七赤金
八白土	一白水	六白金

九紫火○	不吉 五黃煞五	七赤金○
八白土	一白水	三碧木○
四綠木	六白金○	二黑土

七赤金	三碧木	不吉 五黃鬼五
六白金	女寄艮 八白 五宮	一白水○
二黑土	の綠木	八白土△△△

紫白掌一飛宮

二、排山一樣行

掌訣

六七八九

乾二 兌三 艮四 離五

五一中宮

巽四九 震三八 坤二七 坎一六

乾

申水　酉金　戌火　亥木
未月　太陽纏度之宫將甲时　加在太陽宫順数遇卯　安命为造命要命遇酉造塟　子土
午日　丑土
巳水　命宫　辰金　卯火　寅木

年上起月　正月丙寅戊寅
甲己之年丙作首
乙庚之歲戊為頭
丙辛便向庚寅起
丁壬壬寅順水流
惟有戊癸何方法
正月始從甲寅求

五子遁诀
甲己還加甲　甲子时起
乙庚丙作初　丙子时起
丙辛從戊起　戊子时起
丁壬庚子居　庚子时起
戊癸推壬子　壬子时起
時元定不移

戊己都天煞方不宜動土年神方位
甲己年　辰巳
乙庚年　寅卯
丁壬年　申酉
戊癸年　午未
丙辛年　戌亥子丑

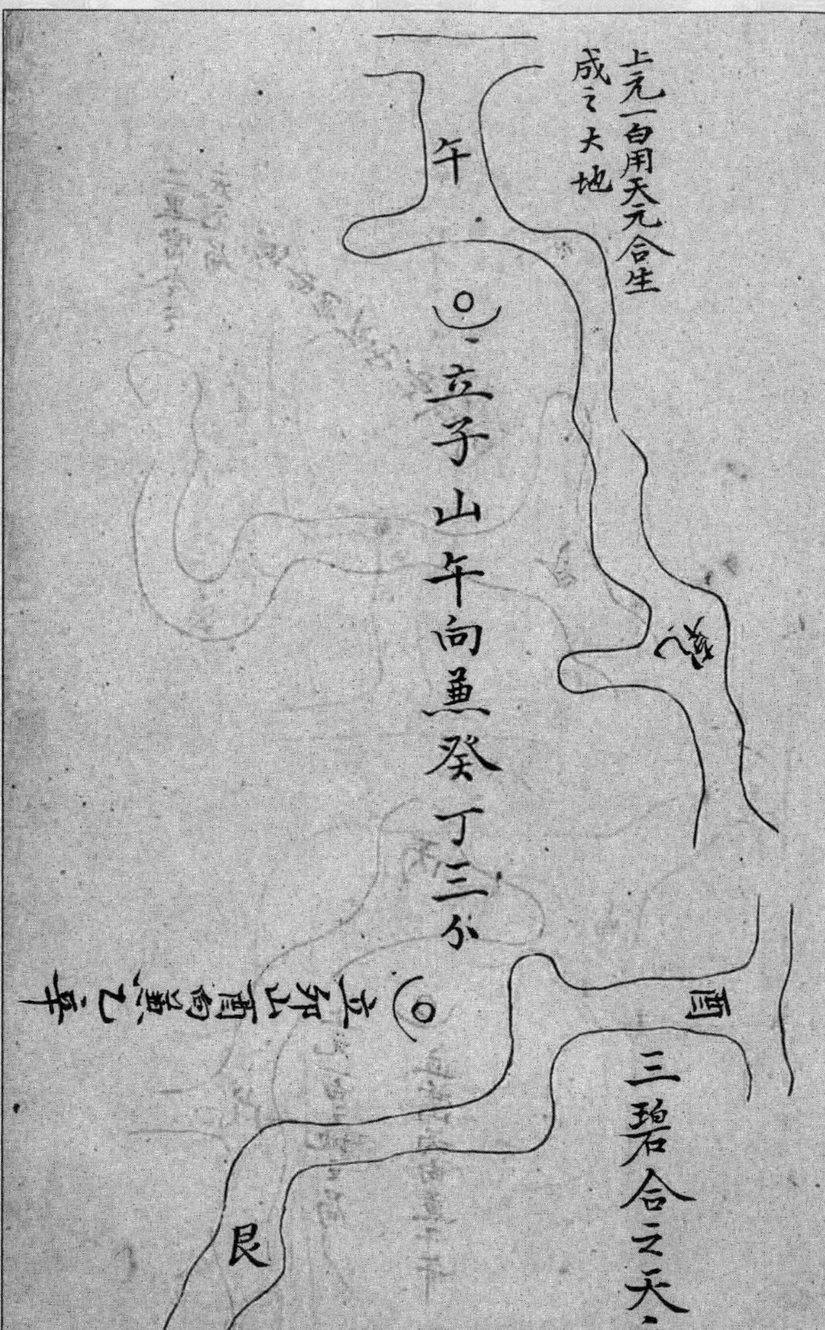
上元一白用天元合生成之大地
午
立子山午向兼癸丁三分
立卯山酉向兼乙辛
酉
艮
三碧合之天元局

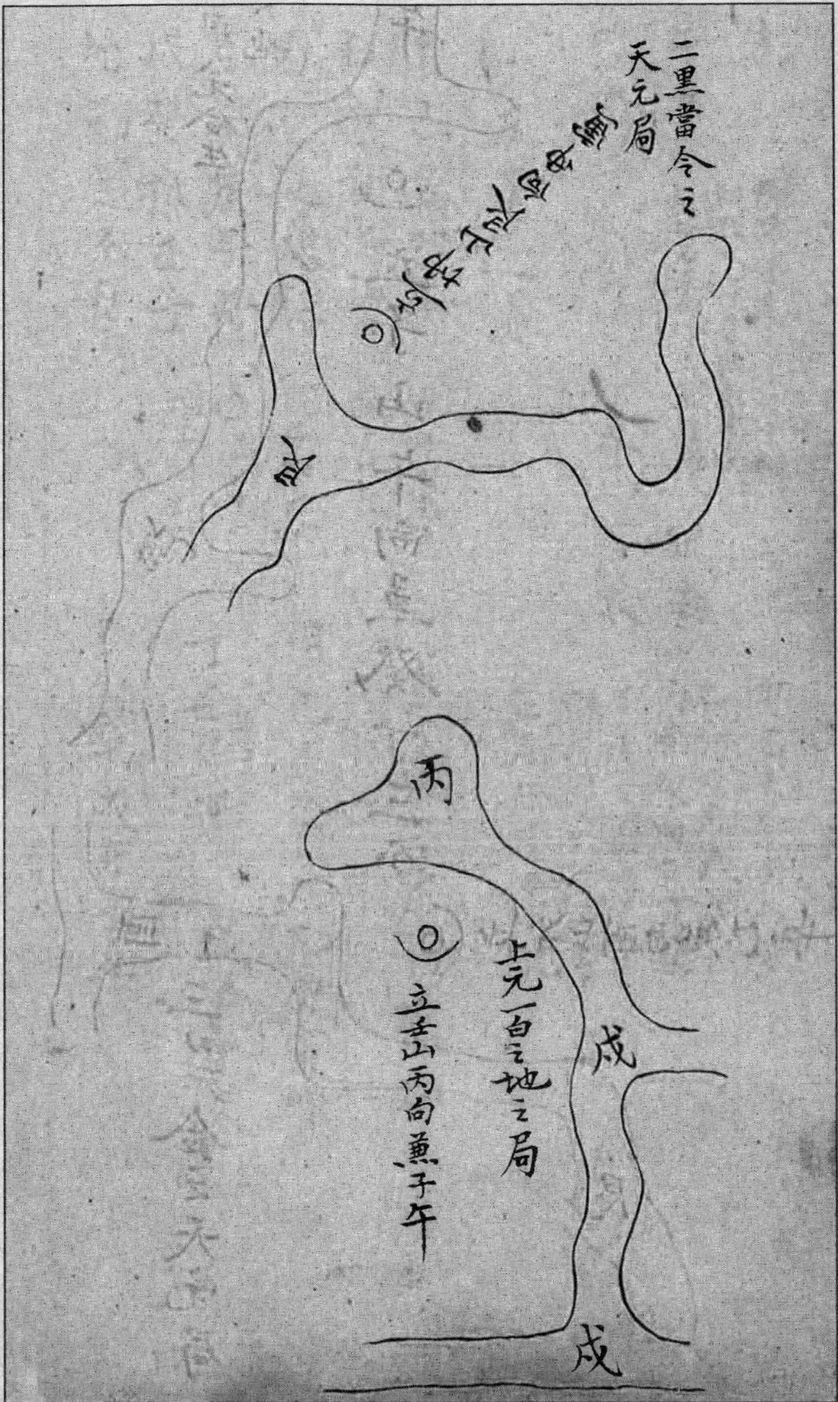
二黑當令之
天元局
丙
上元一白之地之局
立壬山丙向兼子午
戌
戌

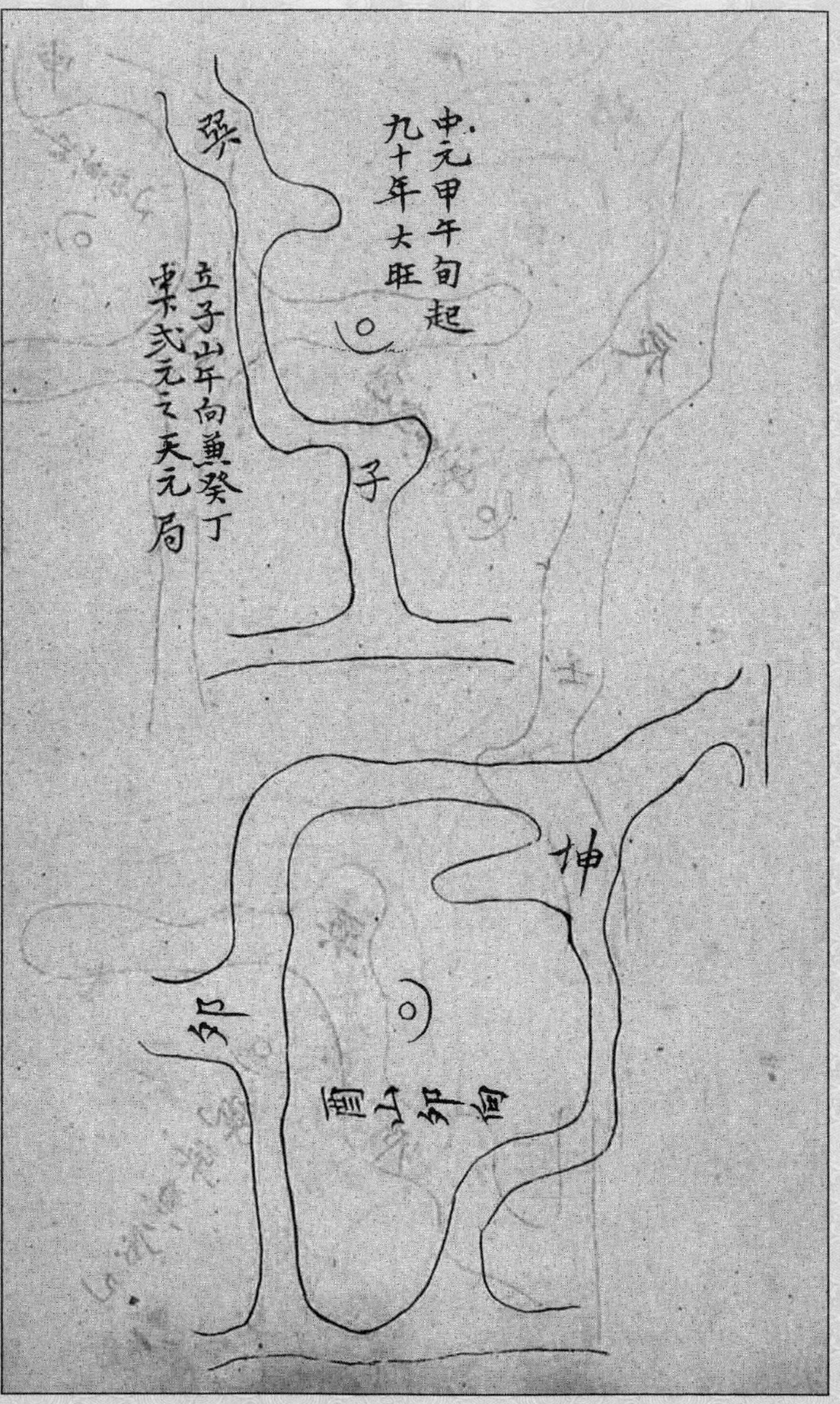
中元甲午旬起
九十年大旺
立子山午向兼癸丁
東式元之天元局
癸
子
坤
卯
酉山卯向

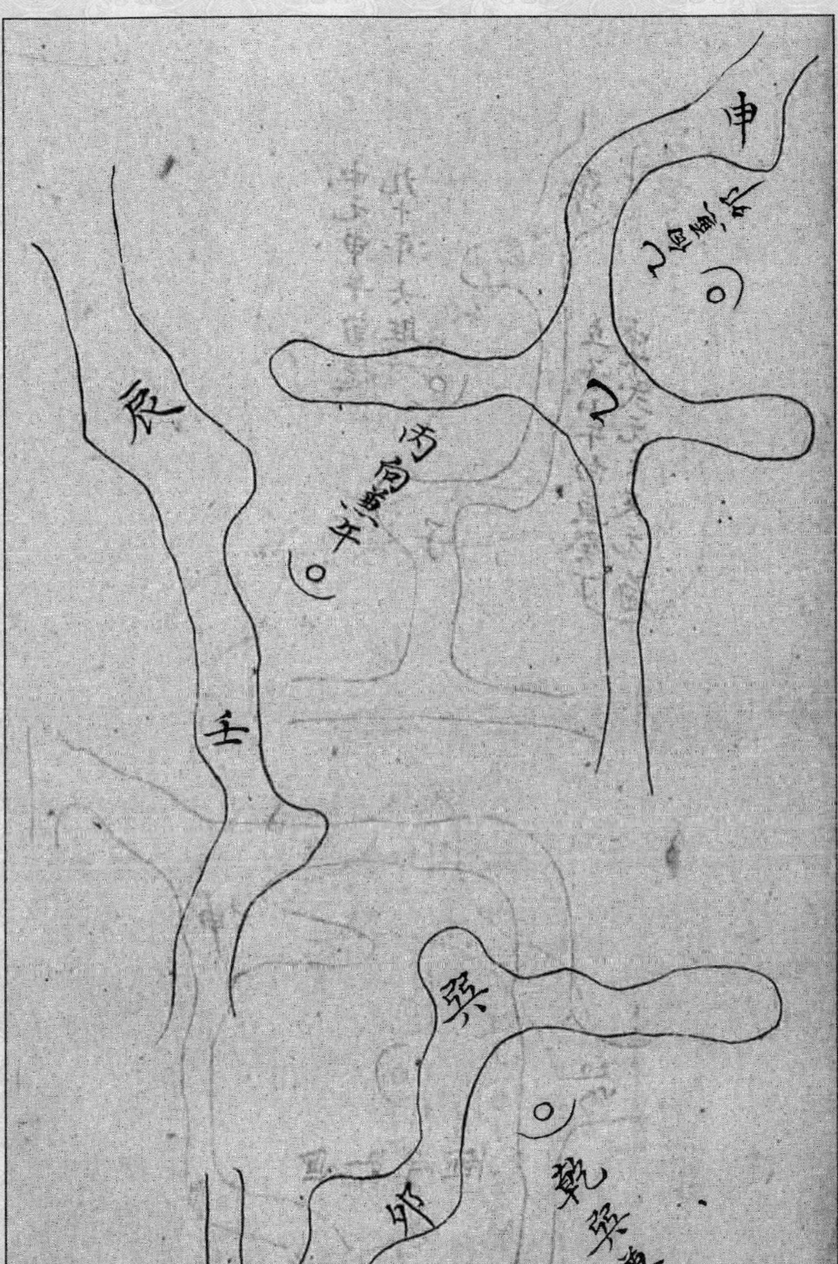
申
乙
辰
丙向兼午
壬
巽
卯

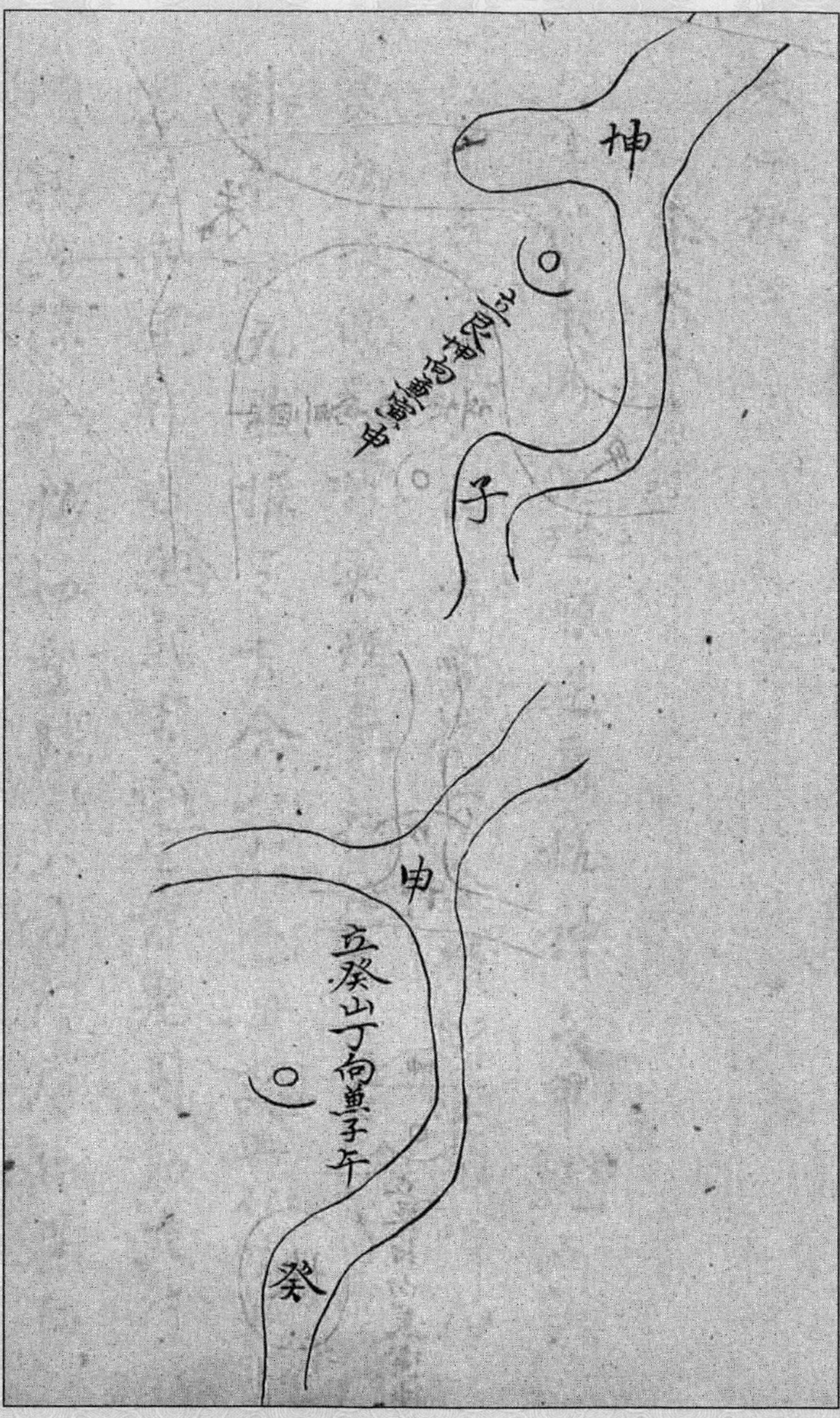
坤
立艮坤向兼寅申
子
申
立癸山丁向兼子午
癸

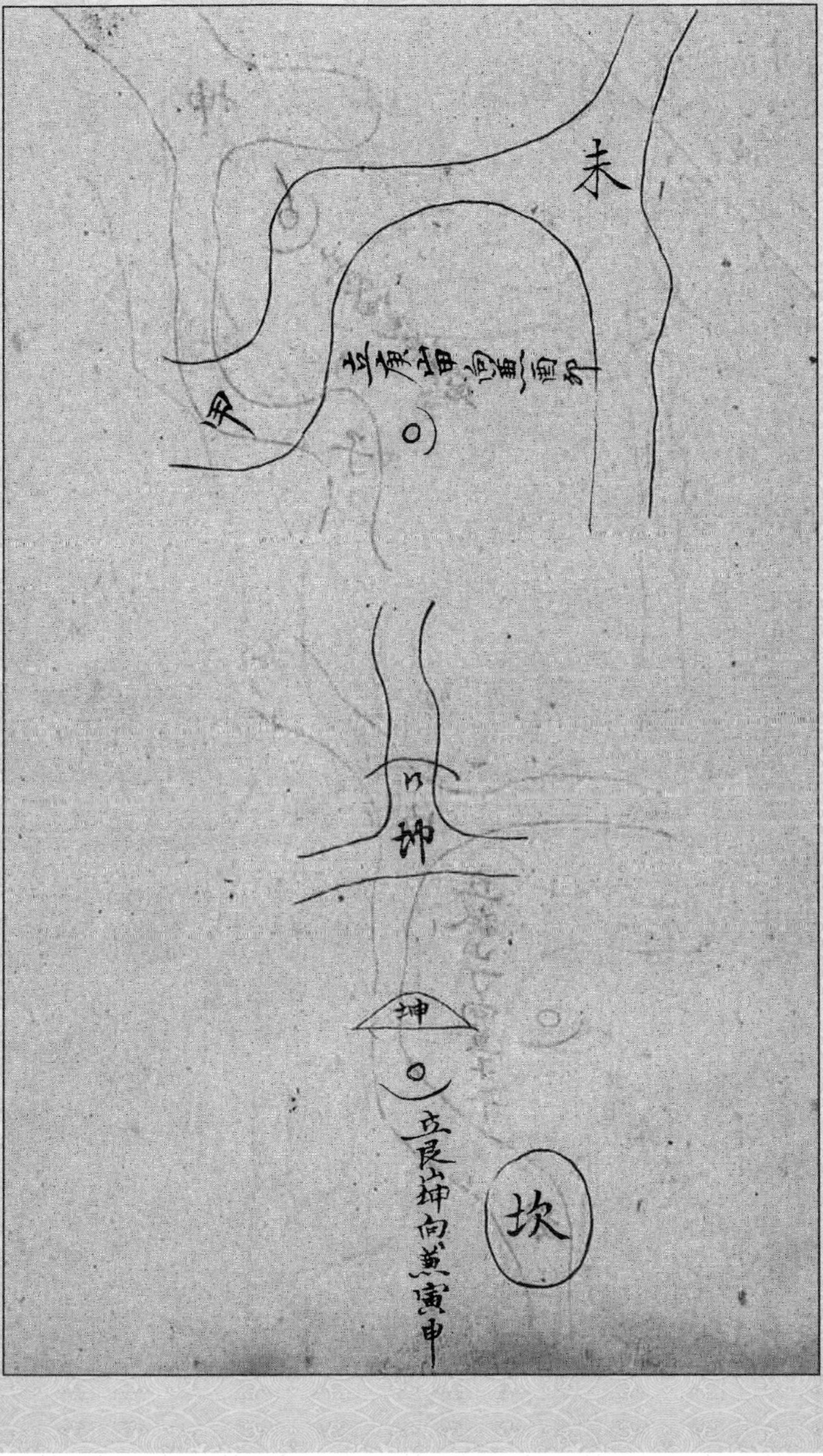
未
甲
立庚山甲向兼酉卯
坤
坤
立艮山坤向兼寅申
坎

天心訣法

廖公把臂經

天法神數乃遵理順逆萬機神六甲運五臟
行法五子遁八门佈雷使案金精衛五氣攝九
灵鋤叛逆超神英理氣位坐艮巽宅灵審
卦氣配九星推之吉合八门地母变土化生長
震男下逆行自然氣青迭宅方光圓動直行
峙透遮遠平停四望歸八方门層擇異秘

內神替出閉迎陽明

玄空要訣并三字經 無心道人撰

九宮八卦貴乘時能辨天心穴易知當日景純
神傳妙訣陰陽互破萬般奇天根月窟真消
息倒地翻天似奕棋強把山川牢縛住庸師
只曉此中詞玄靈大卦竅玄玄在破天機
不易傳天卦互中真至寶陰陽兩路遞元還
九星雙起雌雄異會會天心造化權江左先師

多錯解干支方上玄猜研
立極中央各主張五六七八位飛楊掩來
山水分顛倒調佈中宮妙異常旺衰
死生天卦辨陰陽順逆細推詳五行本
在干支上隨得天心各換方
大玄空妙無窮用九星排九宮分八卦
一卦通夫與婦各相從山與水喜和融
惟空位忌流神天心定九宮分奇偶轉三

亥成甲與庚壬與丙此四干單陽名辰與
戌丑與未此四支歸單陰子與癸午與丁
卯與乙酉與辛兩相比是雙陰跳與亥
艮與寅巳與巽坤與申兩不雜雙陽清
撫六甲佈八門陰作陽陽作陰有時陽有
時陰乃陰陽定五行顛顛倒順逆歸兼
左右空中尋艮丙辛是破軍巽辰亥
武曲名坤並乙歸巨門甲癸申貪狼

行天心勢九宮更是破軍私破軍雙〻起無
定名通變化任橫行

水法拾遺

滾〻洪濤勢亘天初穿混沌此當先一方
停蓄分餘潤八國周行貫大千單道結
成樓鳳諸雙源雁作鎖龍瀾偉〻血脈
皆連絡顧我悠揚是福田天形大勢帝常
王都分派分枝府縣園宮國必須環

衛厚建州端賴氣形字群流合處成
村落衆壁歸時轉舳艫也与山龍全一
訣要爭氣象看規模語只索脉有真
恍不是時師老鉢衣但向六成尋首尾
只憑天一寬元徽尋跡漫把蛛絲擬開祖
休將馬跡係另有一般親切味黃金大地
滿光輝大派汪洋是出軍真龍住處
分在枝分仙恍未洩從河測至訣無傳

那得閒但把縱橫施妙用一逢經緯幻奇
文平陽撥受亂容易洗可濤心說与只棄
幹尋枝曰人門枝中論有許多論深
長可許公卿貴短淺難教福澤存漏
道如逢消氣魄分流莽犯少兒孫辨分辨
漏須明了任你荒郊放鄉根息道成訛
已可跨星辰合否更須查方圓出向斯
為美水火凝胎摠是差垂亂一頭堪作窠

讀了滿腹便成家豈比沾着先天巧枯
樹逢春便發芽星辰去來喜無邊未得乘
元限又添顛倒祇憑三甲轉陰陽上向九
宮呂洛書依次分行統羲畫轉番遞位遷
不侶庸師膠柱法靈機看取當時指九
星入用在當時進退須將歲次推運到震
方佈兌位元歸北坎台南離翻宮逆取收
金吉順甲輪挑顯大奇百八春秋三反復

任君挨到萬年基上下三元已發蒙迎生接
脉可能工多情處處皆開面得勢方方
盡鞠躬一曲迴環堪駐足四圍圓滿定和中
拘拘拳坐真兒戲千變由來未可窮正
形正坐穴情憑格局天然意來皆半有半
無休用着邊輕邊重不須貪水纏論水
抱砂數水抱洋砂撇水課砂水莫
將來混合須防公位有善參更有

湖旁一着愁只將鎖鑰論繇由飛行
鐵漢防侵蝕殘缺金人莫久留總結
不能成福德況逢爭竊賽悖懶陰陽
之宅如干犯王謝崔盧一担休先生嘗
日語見曹妻之源之癖受撥忽奈訣傳
成玄家到今授受總皮毛尋雖索覓
粘斜直頂脈騎龍斬剪刀經律不
知非作穴無情無味失風騷之元有

運不難乘但看天樞到未曾旺氣收
來真福耀龍神曲入宅祥頻圓
規方矩收平度拚前竿卽立地崩
爭得平和無破射看他指口快不訛
騰挪墨跡揚術已更如何剝棘又重生
迎叉索脈脈如夢斷留尋源源滴侶
醒糟粕鑽餘皆上飫源流失却矣
麼莫不經明眼未參透是是非非是

戰爭五洲四海無〻江同異都歸
板腔錯〻解屠然能識世疑圖那
得不迷邪傳來清息皆膠柱綉出
鴛鴦是釘椿更有何人闢混沌杜陵
復氣教心降美徒薄註語喃〻悟
徹玄空了部九圖驪無詞真可
抹剎舟偏訣繁宜莫變篇摸要審〻
般訣顛倒須看〻卦畫一卷拾遺

流豁甚梳中附後作珍函

萍邑文姓飛燕捕樑形　申寅坤艮　皮琶形　寅申兼艮坤　又道前洲

吳姓祠堂本係坤艮向悮立丁癸　背立癸祠堂要氣在向

文國華丁未九月十七巳時

黃稅峰故墓　乾山巽向兼亥巳　五黃運

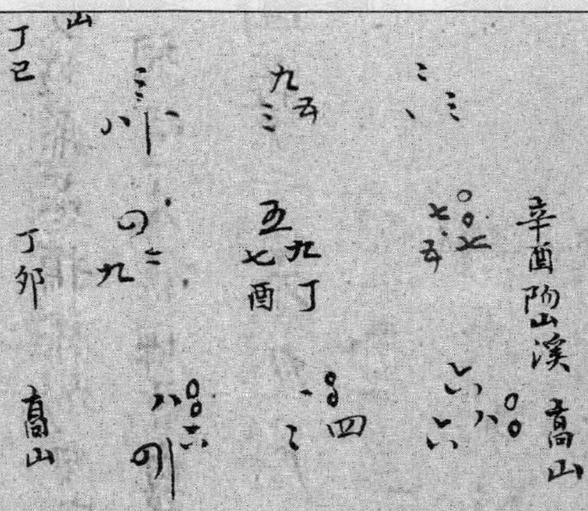

向对巽四為中元初年之旺運用於甲辰旬中其氣已退向首八星為財源之星適值退时財之不旺可知矣山星重六此謂之上山水裏上山亦主財退幸喜山上概來亦有亦左星山主財退丁添之妙見方有溪澗佛得以赤伏吟甲戌旬內財源稍安细推山向宜乾兑艮坎四水為合與餘巽峰甲乙高山与向会涉矣

東屏山老坟

乾隆甲申九年

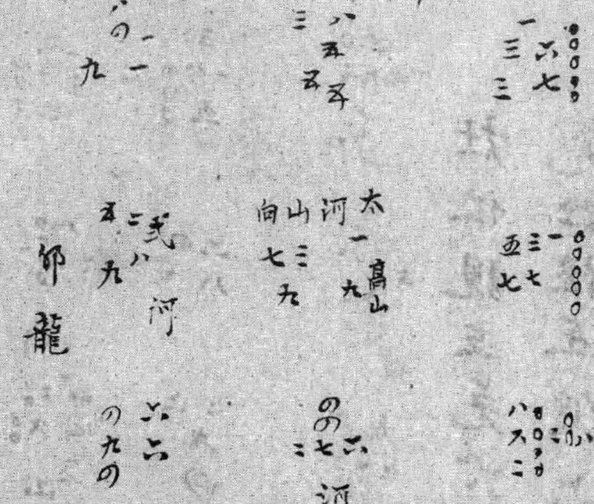

卯龍八首立乙山辛向加辰戌未坤来水面前開襟朝山拱向乾亥壬見湖光是方山上水裏排治陽水陰山相配合主中一元未運下元首運求名求利俱今日後附葬須用右边穆穴略下数尺仍用乾亥壬湖光比前壬穴更利山向四日不必更換

西頭敬德堂宅

坐乾向巽大門向坤兼申

向

五〇 七九三	三〇 一八〇〇 五〇	五一〇〇〇 三七
の八 大刂	六の、 八	八〇〇 三
九の 七〇〇	二六 九の	六〇〇 七大〇 五山

辛卯の 戊戌九

乙酉一 壬辰三 水

壬戌九 壬戌六 艮土

灶位現立兑大門現向亥壬言宅五行乾金加兑灶位在彼六屬相尅大門向亥壬無碍内户宜離兑坤艮四方开便门便路亦宜

走此四方老房门与门外来路均由丙午坤未而来諸方俱利新房宜靠右边房门宜在丙午方房门外来路与楼梯现走庚酉门路節節相生定主多丁多壽

祠堂

壬山丙向兼子午

角门未水見

〇〇〇 六七八 七五	〇〇 の五 七九 六	八九 三五
二三 九の 二	三 九の	の六 七八
一 三三 二	八又 七五 五	八三一 の五 湖

特曲 橋 亭

祠堂為火向首星辰与住宅取用不同現取巽木戊土到向與曜出曲而兼種浮之物易來易去之神与宗祠相爭而合來水星辰又屬相剋至子孫讀书少成且好浮蕩年首者并多癆瘵之患

七運

賜塢内　先祖厝山　乙山辛向加卯酉三分　於嘉慶初年厝

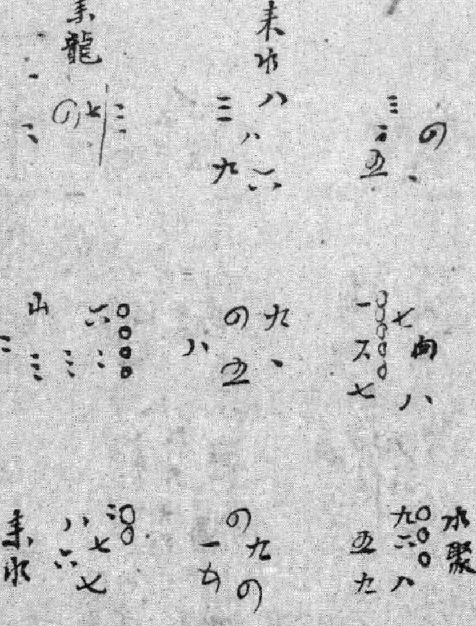

元空五行山上水裏一六生成又加之以坤土厝紋諸事平安衆水聚於乾亥星辰又得九紫火曜却与向首一星水火相濟艮方離方来水用法无合惟巽辰来龍之處撩暑星辰震兑相冲似有舌音不清之象其餘无碍日後開葬宜上丈許移南七八尺穴情更合向宜乙辛兼辰戌宜于壬午十月擇吉安葬最爲平安者　癸未年亦利

廿五年十二月初二日章仲山

積慶橋方屋大门丙山壬向巳亥先生許

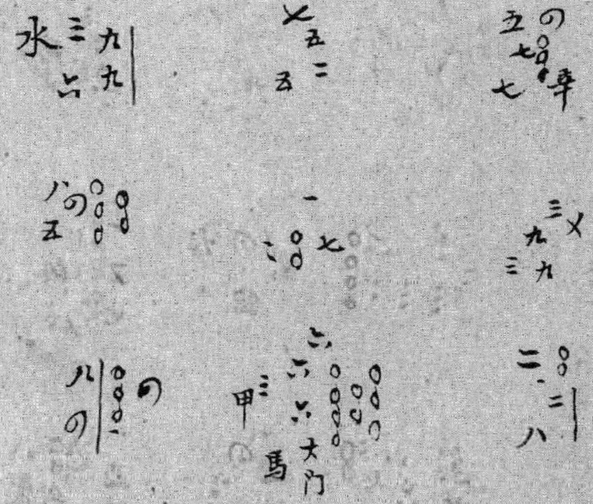

挨星五行向對六向重〻主多
丁多壽且健向首既乃吉氣內
户宜接一白水氣斯為最善次
走震方门路亦屬吉利上房门
現走兌庄之未坤〻〻兌七重
疊与命恒相剋宜移進義尺
卸走庚申之间方合生〻
之妙

伏以
文昌司錄功名著赫々之光善政養民食貨摠生生
之要在天成象星亦名鏡聚人曰財地不愛寶
爺者歲逢元戢節居來明恭惟
乙
日金危危之神位次元枵建惟黃道度躔
斗宮對南箕燦列星之文章錫庶民之福
惟金生水汩汩其来居安思危兢兢可守
兩美之遭合慶々品之具呈先期則破壁

故此則成功勿壞九府著泉流之法積玉堆金
萬民仰國轉之通鋪天撒地從此收其餘利者
我百世子孫開嚴華筵祝
君萬年壽考謹疏
宋茂飛先生住此
萍鄉五陂下鋼鏐塝紫氣開口地可閒請
廉對甫破對貪巨門面文瀾武曲與弼曜泵存對生宮
萍鄉東礄草市鄧錫礼家住宅

買嶽盤要真玉休寧縣東门萬安街果碍行方
秀水家是真詞畫內及一切掛秀謝招牌皆假
大玄空妙無窮排六甲運九龍來何地發何
宮顛〻倒順逆行坤壬乙是巨门巽辰亥武
曲名艮丙辛是破軍甲癸申貪狼行
天心旁九宮更是巨门非巨门孔巨门是
巨门雙〻起無空名通變化都是春

無心道人盤銘

心一堂術數古籍珍本叢刊　第一輯書目

堪輿類

章仲山挨星秘訣（全彩色）
臨穴指南
靈城精義箋（全彩色）
堪輿一覽
三元地理真傳（線裝）
姚氏地理辨正圖說
地理辨正補
欽天監風水正論（線裝）
蔣徒傳天玉經補註
三元天心正運（全彩色）
元空紫白陽宅秘旨（全彩色）
羅經舉要（全彩色）
漢鏡齋堪輿小識
陽宅覺元氏新書
地理辨正補註
許氏地理辨正釋義
三元地理正傳（全彩色）
地理辨正天玉經內傳要訣圖解（全彩色）
地理方外別傳
星卦奧義圖訣（全彩色）
地理秘珍
三元挨星秘訣仙傳（全彩色）
欽天監地理醒世切要辨論（全彩色）
地理辨正抉要
地理法門全書
地理辨正抉要
元空法鑑批點本，秘傳玄空三鑑奧義匯鈔合刊
元空法鑑心法
地經圖說
地理辨正自解

謝氏地理書
地理學新義
平洋地理入門、巒頭圖解合刊
平洋地理闡秘（全彩）
華氏天心正運
地學形勢摘要
司馬頭陀地鉗
鑒水極玄經　秘授水法　合刊
地理輯要
地理辨正揭隱　附連成派秘鈔訣要
地學鐵骨秘　附　吳師青藏命理大易數
趙連城秘傳楊公地理真訣
趙連城傳地理秘訣附雪庵和尚字字金
山洋指迷
三元挨星四十八局圖說
張氏地理錦囊
青囊一粟
堪輿秘訣彙釋
風水正原
風水一書

金光斗臨經
論山水元運易理斷驗、三元氣運說附紫白訣等
五種合刊
《沈氏玄空吹虀室雜存》《玄空捷訣》合刊
《玄空古義四種通釋》《地理疑義答問》合刊
王元極三元陽宅萃篇
王元極增批地理冰海附　地理冰海（原本）
地理辨正求真
地理小補（全彩色）
辨正發秘初稿（全彩色）
地理辨正翼
天機心竅等地理秘書四種合刊
李文田注撼龍經
家傳地理陰陽二宅秘斷
地理前五十段、後五十段合刊
挨星考注
地理三會集
三元山水秘密真訣（全彩色）
諸家風水選擇秘訣匯鈔
三元地學秘傳

易盤暨各派風水秘驗斷鈔
羅經解
李默齋家傳地理秘書　辟徑集　合刊
天機素書
地理辨正發微
玄空挨星秘圖　附堪輿指迷
章仲山宅案附無常派玄空秘要

命理類

命理大四字金前定數（全彩色）
韋氏命學講義
命理斷語義理源深
千里命稿
文武星案上下卷
精選命理約言
斗數宣微
斗數觀測錄
地星會源斗數綱要合刊（全彩色）
皇極數（1－4）
星命風水秘傳百日通
鐵板神數（清刻足本）——附秘鈔密碼表
邵夫子先天神數（1－2）
斗數演例（全彩色）
滴天髓闡微——附李雨田命理初學捷徑
算命一讀通——鴻福齊天
命學採驪集
命理用神精華（原本）
澹園命談
命理尋源
新命理探原
滴天髓微義
蠢子數纏度
先天蠢子神數
《斗數秘鈔》《紫微斗數之捷徑》合刊
命譜
徐樂吾滴天髓微義
徐樂吾命理尋原
段氏白話命學綱要
八刻分經定數（密碼表）
子平玄理

占筮類

擲地金聲搜精秘訣
卜易拆字秘傳百日通
易占陽宅六十四卦秘斷
湘子周易卦

相法類

相法易知
相法秘傳百日通
新相人學講義
手相學淺說
神相全編正義
相門精義
大清相法

三式類

壬課總訣（全彩色）
六壬教科六壬鑰
壬學述古
奇門揭要（全彩色）
奇門大宗直旨（全彩色）
奇門三奇干支神應（全彩色）
奇門廬中闡秘（全彩色）
六壬秘笈——韋千里占卜講義
奇門行軍要略
大六壬類闡（全彩色）
甲遁真授秘集
大六壬尋源二種（上）（下）
奇門心法秘纂（全彩色）
奇門仙機（全彩色）
大六壬尋源二種
秘鈔大六壬神課金口訣
秘傳六壬課法附金口訣
大六壬指南
大六壬探源
太乙鑰
太乙會要
太乙統宗捷要
六壬經緯大全

其他類

述卜筮星相學

中國歷代卜人傳